AF226794

QUELQUES MOTS

SUR LES CAISSES

DE SECOURS MUTUELS ET DE RETRAITE

POUR LES OUVRIERS.

PAR

Théodore Latouche.

« *Il n'y a rien de meilleur que de goûter*
» *en repos le fruit de son travail.* »
(L'ECCLÉSIASTE).

—

« *Ne faites pas seulement l'aumône, faites*
» *aussi la charité.* »
(J.-J. ROUSSEAU).

—

« *Il se faut entr'aider, c'est la loi de*
» *nature.* »
(LA FONTAINE).

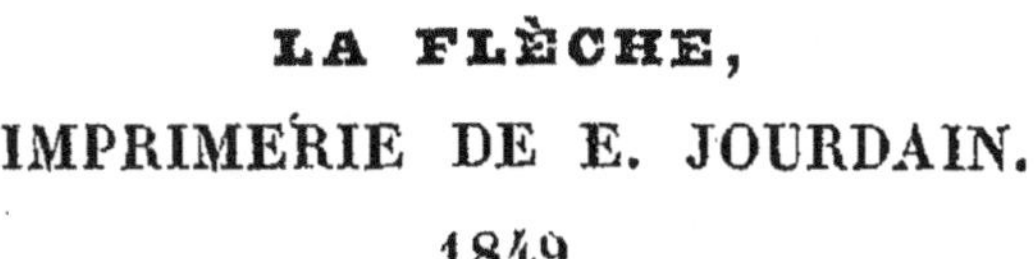

LA FLÈCHE,
IMPRIMERIE DE E. JOURDAIN.
1849.

AVANT-PROPOS.

Nous n'avons pas, dans les pages qui suivent, l'orgueilleuse pensée de vouloir donner des conseils à des hommes plus expérimentés que nous. Toute notre ambition serait d'attirer l'attention des esprits sérieux et des honnêtes ouvriers vers l'amélioration matérielle et morale des classes laborieuses, amélioration que les uns et les autres tiennent entre leurs mains, et, qu'isolés, ils sont impuissants à accomplir.

C'est par l'union des classes bourgeoises et ouvrières, par l'intérêt et le dévoûment des uns, par le travail et la probité des autres, par l'alliance des mêmes besoins, la confiance, le crédit, le travail et l'ordre public, par la protection éclairée du pouvoir, que l'auteur de ces lignes espère rendre la société assez forte pour qu'elle puisse toujours repousser vic-

torieusement les attaques impies et insensées dont on l'a si cruellement assaillie et dont on semble encore la menacer dans l'avenir.

Plein de confiance dans l'humanité et la haute raison de l'Assemblée nationale, nous espérons qu'elle comprendra cette pensée, et qu'elle se mettra à la tête des sages améliorations qui, en prévenant les besoins populaires, en évitent la formidable explosion.

En effet, le pouvoir, en centralisant les ressources et l'administration, donne à toute mesure, à toute institution, une force et une activité que lui seul peut communiquer.

Dans cet espoir, nous réservons toutes les études d'application pratique que nous avons pu faire, et nous ne publierons aujourd'hui que des considérations générales qui, en s'adressant à toutes les conditions, à tous les hommes d'avenir et de sage prévoyance, aideront peut-être et malgré leur étroite sphère, le mouvement de bienfaisance, de moralité et d'intérêt populaire dont l'Assemblée nationale prendra, nous l'espérons, la noble initiative.

I.

La société, pour résister aux attaques incessantes dont elle est chaque jour menacée, doit appeler à elle toute son énergie et toute son âme. Par son courage, sa force et son bon droit, elle domptera l'émeute dans la rue et réprimera la licence des esprits ; mais par son âme seule, c'est-à-dire par le dévoûment intelligent, par la bienfaisance chrétienne, elle résoudra à son avantage le grand problème qui est posé, comme un défi, entre elle et le socialisme : l'amélioration des classes souffrantes.

Aux théories infécondes, aux promesses séduisantes mais impossibles, avec lesquelles on a si souvent trompé le peuple, opposons enfin l'action qui fertilise, l'intérêt qui attache. Tout en combattant le socialisme sous la forme insurrectionnelle et agressive dont il s'est armé, soyons, dans la pratique de la vie, plus généreux, plus dévoués qu'il n'affecte de l'être dans ses paroles.

La première condition, à nos yeux, est d'être consciencieux et vrai ; il ne faut pas publier, à grand bruit, un programme mensonger, pour être réduit plus tard à avouer son impuissance et ses fautes.

N'osons donc pas dire que nous serons assez forts et assez heureux pour détruire la misère générale. Pour la chasser complètement, il faudrait anéantir les vices qui l'engendrent, et ceci est au dessus de la puissance humaine. Usons de toutes nos forces pour combattre ce cruel fléau, et appelons à notre aide la protection des bonnes lois, l'initiative du pouvoir pour guider nos efforts, et surtout les ressources inépuisables de la charité chrétienne, qui seule peut grandir en proportion des souffrances.

C'est la charité qui résoudra les difficultés de la situation ; c'est elle, en effet, qui, par l'organisation et le développement de la bienfaisance, pourra venir en aide à la société d'une manière active et efficace, en secondant et protégeant le travail et la vieillesse. C'est donc vers elle que nous osons appeler l'attention de tous les esprits sérieux et des hommes

éminents que la confiance publique a élevés aux af
faires.

Que de sages législateurs rassemblent et dirigent,
dans un but unique d'intérêt général, les ressources
innombrables que la charité publique et privée dis-
perse isolément, souvent sans résultats directs, et
ils donneront déjà à la société une arme puissante.
Qu'ils entreprennent, chaque jour et à chaque instant, une lutte sainte contre la misère, qui ne détruit
pas seulement l'homme, mais encore qui modifie et
corrompt ses bons instincts ; contre la misère, qu'ai-
grit encore le socialisme, pour en tirer sa force agressive, force dont il sera désarmé le jour où l'on par-
viendra à diminuer les douleurs de ceux qui souffrent.

Pour arriver à ce résultat, la société doit pouvoir
compter sur l'appui de tous ses enfants, sur les riches
comme sur les pauvres ; car leurs intérêts se lient si
étroitement, que les pauvres, en s'armant contre
ceux qui possèdent, n'allègent pas leurs besoins et
généralisent la misère.

Repoussons donc avec énergie ces doctrines qui,
au nom de la fraternité, arment les hommes les uns
contre les autres. Au lieu de nous combattre, unis-
sons-nous, propriétaires et travailleurs, dans le même

but, celui de la défense de tous les grands principes d'ordre, de religion et de liberté, qui font les nations fortes, et montrons, en combattant les souffrances de l'humanité, le même zèle et le même dévoûment que nous déployons sur les champs de bataille, pour l'honneur du drapeau !

Il n'entre pas dans notre projet d'examiner ici toutes les institutions de prévoyance qui protégent l'homme pauvre, mais travailleur, depuis son berceau jusqu'à sa tombe; nous nous arrêterons seulement à cet instant de la vie où l'homme peut gagner son salaire journalier, moment de jeunesse et de santé où le travail doit être la constante préoccupation de tout être honnête; car par le travail seul se fondent les fortunes et prospèrent les états.

Travailler est la première loi que Dieu imposa à l'homme, comme améliorer est la première condition de toute société. Mais soyons justes envers la nôtre, reconnaissons tout le bien qu'elle a fait depuis le jour où le christianisme est venu lui montrer le chemin de la lumière et de la liberté. N'imitons pas certains tribuns qui ne veulent dater l'histoire et leur instruction que de l'an 1er de la République; acceptons notre société telle que les siècles et d'illustres génies nous l'ont léguée, avec ses vertus et ses vices ; sachons seulement profiter des unes et combattre les autres ; soyons enfin reconnaissants envers le passé, et, s'il y a encore beaucoup à faire, ne l'accusons pas pour cela d'incurie ou d'impuissance.

En effet, pensons à ce qu'était autrefois la misère publique, et considérons ce qu'elle est maintenant.

Qu'ils sont loin de nous les temps où des populations entières étaient décimées par la faim, les maladies et les subsides de toute nature ; temps où le laboureur, succombant sous les lourdes charges qui l'écrasaient, laissait les champs en friche et les chaumières désertes ; et où l'homme d'intelligence, malgré son courage, son activité, son désir de bien faire, était réduit à l'impuissance par l'inexorable loi des jurandes et des maîtrises !

Aujourd'hui les propriétaires-agriculteurs se comptent par millions, grâce à une loi de succession qui établit l'égalité entre les enfants ; les famines deviennent de plus en plus rares, et le travail affranchi, accessible à tous, apporte avec lui la fortune et l'aisance.

La misère, repoussée par le travail des ateliers et des établissements agricoles, n'habite plus que la

mansarde ; mais la bienfaisance va l'y combattre jusqu'au moment où elle ne sera plus que le fruit hon-
teux de l'oisiveté et des vices, ces éternels complices
du désespoir et de la faim.

De nos jours, le travailleur peut arriver à tout.
D'illustres exemples le prouvent. Pour cela, la société n'exige de lui que moralité et talent, et elle lui
fournit, par ses nombreux établissements de secours
et d'éducation (qui sans aucun doute seront multipliés et rendus plus accessibles encore), les moyens
d'acquérir et fortune et considération.

L'avenir donc est réservé aux âmes d'élite ; mais
les masses, peu éclairées encore sur leurs véritables
intérêts, appellent toute l'attention du législateur,
tout l'intérêt des hommes de bien. Ce sont elles qu'il
faut moraliser par une éducation appropriée, et dont
il faut améliorer l'état matériel par de sages institutions de prévoyance et de secours.

Eloignons d'ailleurs les guerres civiles, réprimons
énergiquement les mauvaises passions et l'émeute
qui détruit la confiance, apaisons la fièvre des esprits,
et les campagnes n'enverront plus aux villes encom-
brées les bras dont elles manquent elles-mêmes.

Au chômage du travail dans l'industrie des villes,

chômage si fréquent et si hideux par la misère qu'il engendre, opposons l'industrie agricole, constante dans ses progrès, et que n'ébranlent pas des secousses profondes.

Que le salaire de l'ouvrier ne soit plus dépensé sans profit et souvent sans raison ; que l'économie le fasse fructifier ; que la prévoyance en règle l'usage.

A l'action isolée de l'individu, agissant dans le cercle étroit de la famille, substituons l'Etat, le Département, la Commune, ou même, pour certains cas, une société particulière réglant et modifiant tous ces grands intérêts par des caisses d'épargne, de secours mutuels et de retraite.

En présence du mal et pour le combattre, n'oublions pas qu'à mesure qu'une société vieillit et que ses besoins grandissent, la Providence, dans sa bonté, crée des secours nouveaux, comme à côté des vices elle a placé les vertus, pour l'honneur et la consolation de l'espèce humaine.

La question est donc d'habituer le travailleur à consommer régulièrement son salaire et à prélever, sur des dépenses inutiles souvent, l'argent nécessaire pour assurer son avenir. Cela obtenu, il faudrait placer tous ces fonds, provenant de l'épargne du pauvre, dans les grandes entreprises de l'Etat, de manière que tous, depuis le manœuvre jusqu'au plus riche banquier, eussent les mêmes intérêts à défendre.

Ainsi se trouverait agrandie cette communauté, cette solidarité d'intérêts qui a déjà sauvé la société. N'est-il pas, en effet, évident que c'est grâce aux millions des petites et moyennes propriétés que les grandes fortunes doivent de ne pas avoir été spoliées dans le premier moment de la fièvre révolutionnaire? La propriété, en se divisant à l'infini, n'a-t-elle pas acquis des défenseurs dans la même proportion, et, par cela même, n'est-elle pas devenue inviolable en fait, comme elle l'était en droit?

Il faut que le Pouvoir et ceux qui possèdent la fortune et l'éducation, prennent l'initiative, et, par leur exemple, entraînent la foule qui sait comprendre le bien.

Ils accompliront ainsi, non pas seulement un acte suprême d'humanité, mais ils inaugureront encore une forte et sage politique, qui rendra la société et tous les intérêts privés qui en dépendent, inattaquables et sacrés.

M. de Lamartine, en disant avec raison que « l'op- » position se nourrit de tout ce qui souffre, » vient appuyer ce que nous avançons de toute l'autorité de son talent. Toute conquête faite sur la misère n'est-elle pas une force acquise à la cause de l'ordre? Intéressez le peuple à la propriété et au capital d'une manière juste et rationnelle, et il ne croira plus à ceux qui lui conseillent aujourd'hui de les attaquer et de les détruire.

II.

Ramener la confiance qui alimente les *caisses d'épargne*, multiplier les *associations de secours mutuels*, et créer enfin une *caisse générale de retraite*, sous la direction de l'État, tel est le but que nous nous proposons.

S'il était atteint, le travailleur aurait toujours en réserve un capital disponible par la caisse d'épargne; un fonds de prévoyance, pour les cas de maladie, par la société de secours mutuels; et une retraite assurée pour le moment où l'âge l'obligerait d'abandonner l'outil qui le faisait vivre.

Nous allons entrer ici dans quelques considérations particulières; car beaucoup de personnes, et d'ouvriers surtout, ne pourraient peut-être pas croire qu'une légère retenue opérée sur le salaire journalier, puisse produire tous ces résultats. Par elle, cependant, l'aisance se substituera à la misère, l'ordre au désordre, et bientôt la dignité et la moralité des sentiments ne tarderont pas à arriver à la suite du bien-être matériel.

Les caisses d'épargne, malgré toute l'opposition qu'elles ont trouvée à leur début, et celle qu'elles rencontrent encore, grâce aux mesures financières de ceux qui se disent les seuls amis du peuple, et qui n'ont pas su protéger même le modeste capital du pauvre, ont déjà produit d'heureux résultats matériels et moraux.

La petite propriété, les ouvriers, les domestiques en ont appris le chemin, et plus d'une aisance a débuté par les économies amassées péniblement chaque jour.

En 1848, quatre cent cinquante caisses d'épargne opéraient en France ; la seule caisse de Paris avait en dépôt quatre-vingts millions de francs, et sur une moyenne de cent déposants, soixante-onze étaient ouvriers. Ces chiffres ne sont-ils pas la plus éloquente réponse aux détracteurs de ces établissements? Encourageons donc leur développement, car ils sont le premier degré du système de finances populaires que nous voudrions voir établi (1).

Dans plusieurs grandes villes industrielles, et particulièrement à Paris, des sociétés de secours mutuels entre ouvriers se sont formées. Il serait urgent de multiplier ces associations et de les élever à la hauteur d'une institution nouvelle, en les dotant d'une administration en rapport avec les besoins de l'époque.

Les quelques établissements de cette nature qui existent aujourd'hui, quatre cents environ, rassemblent seulement les ouvriers de la même profession, et quelquefois, dans les villes de province, s'ils réunissent plusieurs corps d'état, ils choisissent de préférence ceux qui sont du même *devoir*. — Nous croyons que l'heure est venue d'élargir leur sphère d'action, et de faire participer à leurs bienfaits, non

---

(1) Dans le rapport de M. François DELESSERT, président des Administrateurs de la caisse d'épargne de Paris, publié le 23 août 1849, nous lisons cette phrase :

« Quelle n'est donc pas la vitalité de cette institution, pour qu'après de si rudes épreuves, nous ayons reçu du 1er janvier au 5 août de l'année courante, de 49,622 déposants, dont 9,062 nouveaux, la somme de sept millions deux cent soixante-dix-neuf mille sept cent douze francs ! »

seulement les ouvriers des villles, mais encore les *travailleurs de la campagne*, les *domestiques*, et tous ceux *qu'une maladie prive des moyens d'exister* ; car l'assistance doit être accessible à tous, au peuple des campagnes comme à celui des cités.

Malheureusement on a trop oublié l'un pour s'occuper exclusivement de l'autre. Espérons que l'heure de la justice pour tous viendra enfin, avec l'heure de la raison et du patriotisme.

Ne serait-il donc pas possible, à défaut du Pouvoir ou pour le seconder, de s'adresser à tous les hommes de dévouement et d'intelligence de chaque ville, de chaque bourg, de chaque commune (et, Dieu merci! notre pays compte encore de nobles cœurs, qui ont la sainte ambition de faire le bien), afin de les engager à fonder autour d'eux une *caisse de secours mutuels* qui, alimentée par le *travail*, dans la prévoyance des jours de maladie, soulagerait efficacement les misères privées et allègerait d'autant les charges des établissements publics?

Si l'ouvrier qui tombe malade, trouvait ainsi les secours éclairés et l'argent nécessaire pour se procurer le remède à ses souffrances chez lui et sans recourir aux bureaux de bienfaisance et surtout aux hôpitaux qui, malgré tout le dévoûment de la science et le zèle d'une piété évangélique, ont toujours pour nous l'inconvénient d'affaiblir les liens de famille que nous voudrions resserrer plus que jamais, ne verrions-nous pas aussitôt diminuer les charges écrasantes qui pèsent sur les bureaux de charité et sur la bienfaisance privée?

Pour la société en général, il y a donc avantage dans la création de ces établissements; pour l'ouvrier, *c'est tout ;* car le bien-être remplaçant la gêne, c'est la tranquillité de l'esprit, c'est la jouissance si douce de la vie de famille.

En effet, si maintenant l'ouvrier tombe malade, il s'épuise le plus souvent à travailler encore, lorsque déjà ses forces le trahissent; car il sent avec angoisse que, du jour où il quittera son atelier, la misère et le désespoir qu'elle engendre entreront dans sa maison. Il augmente sa maladie par des efforts désespérés, et quelques jours de souffrances et d'inoccupation ont bientôt dévoré le peu de ressources qu'il possédait. Il faut alors qu'il se résigne à quitter sa famille; car le remède qui calme ses souffrances est trop chèrement acheté au prix des larmes amères et des privations de ceux qu'il aime; il faut aller à l'hôpital, où il ne peut voir que rarement et à heures fixes la famille qu'il regrette ; où son esprit, à tort sans doute, ne s'habitue pas à la règle de la maison ; car l'hôpital, il faut bien le dire, est encore en aversion parmi les classes pauvres.

Réduit à cet état de désespoir, l'homme serait-il en droit d'accuser Dieu et la société? Oh! non! En cherchant bien dans sa conscience, il trouvera que la cause du mal est le plus souvent en lui, dans son défaut de prévoyance.

A cette vie sans lendemain, incertaine comme la santé humaine, notre ambition serait d'en substituer une autre, vie morale et probe, basée sur le travail, la prévoyance et la bonne conduite. — Pour cela, il faudrait que l'ouvrier, dans les temps de santé et de travail, mît tous les jours une modique somme à la caisse de secours mutuels (cinq centimes tout au plus). Et quel est l'homme qui, en tabac, en boisson, en temps mal employé, ne perd pas plus que cet argent?

Les caisses de secours mutuels, en exigeant de chacun de leurs membres une minime somme pour *droit d'entrée*, et une plus modeste encore pour *annuité*, fourniraient aux ouvriers malades les remèdes gratis et les secours du médecin, au lieu des conseils peu éclairés de voisins trop obligeants, d'affranchisseurs ou de jugeurs d'eau. Elles paieraient encore au malade la moitié au moins de sa journée de travail, afin qu'il puisse, sans plonger sa famille dans la misère, attendre avec calme sa convalescence.

Mais la société de secours, après avoir porté remède aux souffrances du corps, ne bornerait pas là sa mission, elle aurait un but moral plus élevé à atteindre ; et si le malade succombait, elle se transporterait tout entière aux funérailles de l'homme de bien, honorant ainsi, par sa présence, le travail qui fait vivre, et la bonne conduite qui distingue.

Enfin, en abandonnant à la terre les dépouilles mortelles du membre qu'elle a perdu, l'association lui éleverait une modeste croix, sur laquelle une simple inscription rappellerait le nom et la mémoire du sociétaire décédé. Elle adopterait les enfants du défunt qu'elle recevrait au nombre de ses membres, moyennant une cotisation moins élevée ; elle leur montrerait que pour être honoré il faut être honnête, et que pour être heureux il faut accomplir son devoir.

La caisse de secours mutuels, sagement administrée, offrirait donc à l'ouvrier prévoyant, en cas de maladie, les remèdes, les secours du médecin, une demi-solde. En cas de mort, elle se chargerait des frais de la sépulture, de ceux d'un modeste monument, et rendrait les derniers devoirs au défunt.

En face de pareils avantages, quel est donc l'homme qui ne s'empressera pas de s'imposer quelques légères privations pour acquérir cette indépendance et cette dignité ?

La loi, nous en sommes sûr, si elle ne veut pas que l'Etat s'approprie ces sociétés de secours mutuels, n'hésitera pas du moins à les entourer de sa haute protection, en favorisant leur fondation sur tous les points du territoire, en leur accordant certaines garanties et certains priviléges, en allégeant pour elles les droits de timbre et d'enregistrement, en les considérant comme établissements d'utilité publique, et les rendant ainsi habiles à recevoir des legs et donations, conformément à l'article 937 du code civil (1).

Les administrateurs de ces sociétés devraient être prudemment choisis. Ils agiraient au grand jour,

---

(1) Rapport de M. Ferouillat à l'Assemblée nationale.

(*Moniteur* du 9 mars 1849.)

pour ne pas tomber dans un danger qu'on redoute encore avec raison, celui de créer un Etat dans un Etat, par l'organisation de corporations qui, sous le prétexte de bienfaisance, pourraient quelquefois cacher une vaste affiliation politique.

Pour calmer cette crainte, nous proposerons plus loin l'adjonction, comme membres de la société, de tous ceux qui la protègeraient par leur dévoûment et leurs sacrifices. Ce mélange d'hommes appartenant à toutes les positions, depuis les plus élevées jusqu'aux plus modestes, empêcherait ces associations d'adopter un esprit exclusif et de devenir un instrument redoutable entre les mains d'une faction.

Ces établissements de secours mutuels se complètent naturellement par les *caisses de retraite*, afin que le jour où l'âge ne permettrait plus au vieux travailleur de gagner son pain, il ne fût pas obligé de tendre une main débile à la charité publique, ou, ce qui est quelquefois plus douloureux encore, de rester à la charge de parents qu'il importune ou qu'il met dans la gêne.

Par sa prévoyance, le travailleur recueillerait, au déclin de la vie, le fruit de ses rudes travaux; le nécessaire lui serait assuré, et, comme le vieux soldat, il aurait sa retraite. — Il diminuerait ainsi le nombre de ces pauvres auxquels les bureaux de bienfaisance, les hospices et les dépôts de mendicité ne suffisent plus.

Pour arriver à ce résultat, il faut nécessairement obtenir deux choses : d'abord la *bonne volonté* et l'*économie* du travailleur, puis la *protection du pouvoir*. Car, pour ces caisses de retraite, nous pensons que l'Etat seul peut, en en prenant la direction, présenter toutes les garanties désirables de solvabilité, et faire que leurs résultats, multipliés par le grand nombre des associés, soient encore plus avantageux. En engageant l'Etat à s'emparer de la direction de ces caisses, nous approuverions la restitution à la famille du décédé, des sommes versées par lui (1). On respecterait ainsi parfaitement les intérêts de la famille, sans aug-

---

(1) D'après l'hypothèse d'une mortalité moyenne entre la table de Déparcieux et celle de Duvillard,

En consacrant à l'acquisition d'une pension, 5 cent. par jour ouvrable, depuis 18 ans jusqu'à 50, un travailleur se trouverait avoir économisé, au profit de ses héritiers, un capital de 495 fr., et aurait droit à une pension viagère

de 106 fr.	88 c.	à partir	de 50 ans.
de 169	94	—	de 55
de 288	64	—	de 60
de 532	84	—	de 65

(Rapport de M. Fenouillat à l'Assemblée nationale)

menter beaucoup la retenue ou la cotisation; car des calculs établis sur les tables de mortalité, ont démontré que cette augmentation n'est pas telle qu'on doive hésiter à faire ce remboursement.

Comme pour les caisses de secours, nous voudrions voir admettre à la caisse de retraite toutes les classes de travailleurs, et même les femmes, malgré les difficultés légales que cette mesure pourrait rencontrer, mais qu'il serait facile de surmonter.

En employant les millions que ces modestes centimes de cotisation produiraient, à rendre plus légères les charges de l'Etat et à faire prospérer les grandes entreprises publiques, ne confierait-on pas ainsi la fortune des pauvres au Pouvoir, et celui-ci au dévoûment de tous les citoyens?

Le travailleur ne serait-il pas intéressé à repousser pour toujours les émeutes et les révolutions, lorsqu'il sera persuadé de cette vérité : que les révolutions éloignent le travail; que sans le travail il ne peut acquérir ni épargne, ni secours, ni retraite; qu'en attaquant l'Etat, c'est ruiner la fortune publique, sur laquelle reposent l'éducation de ses enfants, les secours en cas de maladie, et enfin la retraite de ses vieux jours.

Nous ne nous dissimulons pas les obstacles sérieux que rencontre à son début toute nouvelle organisation ; combien il sera, dès l'abord, difficile de faire comprendre à toute une population le langage du cœur, de la raison et du devoir. Mais les hommes de bien de chaque condition l'écouteront, nous n'en doutons pas, et bientôt leur exemple entraînera les indifférents.

C'est donc vers le développement de ces différentes caisses que nous appelons la sévère attention non seulement des ouvriers et des cultivateurs, mais encore celle des hommes éminents qui dirigent le pays, et des nombreuses personnes qui n'attendent qu'une occasion pour s'empresser de faire le bien.

Nous supplions tous les citoyens aisés d'écouter les justes besoins d'une misère imméritée, pour avoir le droit de repousser haut et ferme l'oisiveté qui dégrade et les mauvaises passions qui menacent. C'est la bourgeoisie, qui possède fortune et éducation, c'est elle qui doit prendre sous sa protection bienveillante et éclairée les classes souffrantes, dans la crainte que celles-ci, se voyant déshéritées de tout intérêt, n'aillent, poussées par le désespoir, la misère et les mauvais conseils, se jeter dans les bras du socialisme, c'est-à-dire dans le gouffre de l'impossible, de l'anarchie et des guerres civiles.

Nous voudrions voir l'élément bourgeois se mêler dans les associations dont nous venons de vous entretenir, parce que les relations forcées qui s'établiraient entre lui et les ouvriers détruiraient peu à peu des préjugés mensongers. Les hommes d'éducation, d'instruction et d'expérience donneraient ainsi à l'œuvre des conseils utiles ; enfin ils apporteraient leur argent, non à titre d'aumône (quoique nous bénissions de tout notre cœur la main qui sait la répandre), mais comme encouragement et soutien.

Le propriétaire, le fabricant, l'entrepreneur, le chef d'atelier, qui aurait distingué le domestique fidèle, le bon cultivateur, l'ouvrier consciencieux, lui ouvrirait les portes de la caisse de secours ou de retraite, en payant pour lui soit une partie, soit la totalité de sa première mise de fonds.

Une solidarité nouvelle et plus complète s'établirait ainsi entre eux, et la fraternité chrétienne, celle qui s'appuie sur la charité et la reconnaissance, unirait la bourgeoisie aux classes ouvrières.

Ces hommes enfin, en se rapprochant et en s'aidant dans les jours de besoin, s'uniraient encore pour la défense commune dans les heures de danger.

CONCLUSION.

La conclusion logique des pages qui précèdent serait la publication d'un bon règlement sur les caisses de secours et de retraite. Mais nous l'avons dit en commençant, notre but aujourd'hui est d'appeler seulement l'attention et l'intérêt sur ces institutions qui peuvent combattre activement les misères de la société, sans lui imposer de nouvelles charges.

Le jour viendra, nous l'espérons, où chaque arrondissement aura sa caisse de secours mutuels. Pour préparer ce jour-là, nous sommes prêt à apporter, non pas seulement nos études, mais encore toute notre énergie et toutes nos ressources ; car nous sommes de ceux qui, en combattant les utopies, cherchent tous les moyens possibles de faire le bien et de réprimer le mal. Puissions-nous réussir quelques fois!

Nous nous résumons donc ainsi :

Confiance et sécurité dans les *caisses d'épargne;* et, à défaut d'une caisse générale de secours, *établissement,* dans toutes les localités, *d'associations de secours mutuels;* enfin *création par l'État, et sous sa direction, d'une caisse générale de retraite pour les travailleurs de toutes les conditions.*

La Flèche, 25 Août 1849.

www.ingramcontent.com/pod-product-compliance
Lightning Source LLC
Chambersburg PA
CBHW061349050726

47595CB00005B/2151